UNIVERSITÉ DE FRANCE.

ACADÉMIE DE STRASBOURG.

ACTE PUBLIC

POUR LA LICENCE,

PRÉSENTÉ

A LA FACULTÉ DE DROIT DE STRASBOURG,

ET SOUTENU PUBLIQUEMENT

LE SAMEDI 5 MARS 1859, A MIDI,

PAR

ALFRED DISPOT,

DE SCHLESTADT (BAS-RHIN).

STRASBOURG,

TYPOGRAPHIE DE G. SILBERMANN, PLACE SAINT-THOMAS, 3.

1859.

A LA MÉMOIRE DE MON PÈRE.

A. DISPOT.

A LA MÉMOIRE DE MA MÈRE.

A. DISPOT.

FACULTÉ DE DROIT DE STRASBOURG.

MM. Aubry ✳, Doyen. . . . . Droit civil français.
Hepp ✳ . . . . Droit des gens.
Heimburger . . . . Droit romain.
Thieriet ✳ . . . . Droit commercial.
N. . . . . Droit administratif.
Rau ✳. . . . . Droit civil français.
Eschbach . . . . Droit civil français.
Lamache ✳. . . . . Droit romain.
Destrais. . . . . Procédure civile et législation crimin.

    M. Blœchel ✳, professeur honoraire.

    MM. Lederlin, agrégé.
        Marinier, professeur suppléant provisoire.

    M. Bécourt, officier de l'Université, secrétaire, agent comptable.

    Président de l'acte public, M. Eschbach.

                           Lamache.
    Examinateurs : MM.   Destrais.
                           Marinier.

JUS ROMANUM.

De heredibus instituendis.

(Dig., liv. XXVIII, t. V; Inst., L. II, t. XIV.)

Ab substantiam testamenti pertinet, ut in eo aliquis instituatur heres. Enimvero absque heredis institutione, nullum potest intelligi testamentum. Ipsa autem sola potest testamentum constituere; ipsa sola est et caput et fundamentum totius testamenti. Qui neque legatarus quid est, neque quemquam exheredaturus, quinque potest verbis facere testamentum, ut dicat: « Lucius Titius mihi heres esto. »

Est autem heres successor in universum jus, quod defunctus habuit. Heredis verò institutio est, solennis ejus quem nobis heredem volumus designatio.

Hæc materia in tres partes distribuenda est : 1° Qui possint heredes institui. 2° Quæ sit forma institutionis heredis. 3° Quomodo inter plures heredes distribuatur hereditas.

PARS PRIMA.

QUI POSSINT HEREDES INSTITUI.

Jure Digestorum institui heres non potest, nisi certa persona et quidem eam esse personam oportet, cum quâ sit testamenti factio.

I.

Incerta persona heres institui non potest, velut hoc modo. « Quisque primus ad funus meum venerit, heres esto. » Quoniam certum consilium debet esse testantis (Ulp., *Fragm.*, t. XXII, § 4).

Incerta etiam persona est ejus qui nondum natus. Receptum tamen fuit ut institui possint posthumi sui; id est, illi posthumi, qui si vivo testatore essent nati, sui heredes ei nati fuissent. Cæteri posthumi, qui alieni posthumi appellari solent, jure Digestorum heredes institui non possint.

Est etiam incertarum personarum institutio, si quis pauperes instituat heredes. Quapropter, jure Digestorum, non valuisset.

Permissum postea fuit civitates, a quibus libet, heredes institui. Jure Justinianeo incertarum personarum et alienorum etiam posthumorum institutio permittitur.

II.

Heredes institui possunt qui testamenti factionem cum testatore habent. Et quidem hi soli : unde quærendum in herede instituto an illam habeat (Ulp., *Fragm.*, t. XXII, § 1).

Enumeremur primum quædam personæ de quibus dubitatur an habeant testamenti factionem.

Primum dubitatum est de diis; nec enim possunt ipsi hereditatem adire. Erat et alia ratio; scilicet ne bona civium luxuriæ sacerdotum servirent. Quosdam tamen deos, quorum templa majori populorum religione, frequentabantur, institui placuit eorumque sacerdotes quasi pro diis cernere (Ulp., *Fragm.*, t. XXII, § 6).

Sub imperatoribus christianis permissum est heredem instituere J. Christum; quo casu defertur hereditas ecclesiæ loci ubi degebat testator (Loi pén., c. I, II, *De sacr. eccles.*), item et angelos et sanctos.

II. Dubitatur item de muto et surdo. Et tamen mutus et surdus rectè institui potest (Loi I, § 2; Ulp., liv. I).

Non habent autem testamenti factionem peregrini, nec deportati, nec dedititii, nec apostatæ.

Erant et qui poterant quidem heredes institui et hereditatem capere, sed intra certam quantitatem ant certam partem capere poterant. Tales erant mulieres ex lege Voconia, orbi qui ex lege Julia non plus quam dimidium ejus quod ipsis relictum erat, capere poterant. Hanc legem Juliam abrogavit Constantinus.

III.

Heredes institui possunt tam servi quam liberi, et servi quidem alieni ex persona dominorum etiam sive libertate quia hereditatem adquirunt dominis Jubentibus; proprii cum libertate, quam tamen datam esse ex ipsâ institutione præsumitur; nam Justinianus constituit, ut ex eo solo, quod servus a domino heres scriptus esset, præsumeretur ei libertas relicta; et quidem ità ut, etiam si postea codicillis adscripta esset, præsumeretur ibi ex abundanti, adscripta et jam testamento relicta.

Servus alienus vel totus vel pro parte sine libertate heres institui potest (Ulp., l. II, *ad Sabinum*).

Servus autem a domino suo heres institutus, si quidem in eadem causa manserit fit ex testamento liber heresque ei necessarius. Quod si a vivo testatore alienatus, jussu novi dominii adire hereditatem debet, et ea ratione, per eum dominus fit heres.

Hereditarium servum, ante aditam hereditatem ideò placuit heredem institui posse; quia creditum est, hereditatem dominam esse et defuncti locum obtinere.

Is qui apud hostes est, rectè heres instituitur quia jure posliminii, omnia jura civitatis in personam ejus in suspenso retinentur, non abrumpuntur.

Itaque si reversus fuerit, adire hereditatem poterit.

Si quis servus pœnæ, ad gladium vel ad bestias damnatus, heres fuerit institutus, pro non scripto hoc habebitur.

Servum adulterio maculatum, domina jure non potest instituere.

IV.

Heres et pure et sub conditione institui potest.

Ex certo tempore aut ad certum tempus non potest, veluti. « Post quinquennium quam moriar, vel ex calendis illis, vel usque ad calendas illas, heres esto. » Denique diem adjectum pro supervacuo placet; et perinde esse ac si pure heres institutus esset.

Impossibilis conditio in institutionibus et legatis pro non scripta habetur.

SECUNDA PARS.

QUÆ SIT FORMA INSTITUTIONIS HEREDIS.

I.

Ut heredis institutio rectè facte intelligatur, ante omnia oportet, ut testator eum quem heredem scripsit, voluerit esse heredem. « Si cum primum heredem ex parte dimidiâ scribere destinasset, primum et secundum scripsit, solus primus scriptus heres videbitur et solus heres existet, quasi ex parte dimidiâ heres institutus.

Quod dicimus heredem non esse, nisi qui scriptus aut nuncupatus sit. Nemo dubitat rectè ita heredem nuncupari posse. « Hic mihi heres esto » cum sit coram qui ostenditur.

His verbis « Titius hereditatis meæ dominus esto, » rectè institutio fit; vel « Titius heres esto, » « Titius heres sit, » « Titius heredem esse jubeo. »

Omissio alicujus vocabuli in heredis institutione eam non vitiat. Si autem sic scribat « Lucius heres » licit non adjecerit esto, credimus plus nuncupatum, minus scriptum.

Divus Pius rescripsit illam « uxor mea esto » institutionem valere, licet, deesset heres.

II.

Qui testatur ab heredis institutione plerumque debet initium facere testamenti. Licet etiam ab exheredatione quam nominatim facit (l. I, Ulp.).

Ante heredis institutionem legari non potest, quoniam et potestas testamenti ab heredis institutione incipit (Ulp., *Fragm.*, t. XXII, § 15). Justinianus hoc incivile putans, ordinem scripturæ sequi, constituit ut etiam ante heredis institutionem legari posset (Inst., l. II, t. XX, 34).

III.

Quod heres definiatur, successor in universum jus, sequitur quod ex re certâ, aut ex parte alicujus rei certæ, heres institui non potest. Non tamen si id factum fuerit, institutio nulla erit, sed detractâ rei mentione perinde ac si simpliciter sine ullâ rei, aut partis expressione heres scriptus esset. Si ex fundo fuisset aliquis solus institutus, valet institutio detractâ fundi mentione.

Ex constitutione Justiniani, cum alii ex certâ re, alii sine parte aut certâ parte hereditatis instituuntur, si qui ex certâ parte scripti sunt, legatorum loco habentur, actionesque hereditariæ cæteris duntaxat et contra eos in solidum competunt (C. 6, t. XXIV).

Jus Romanum non patitur eumdem et testatum et intestatum decedere, præter militem cujus sola voluntas in testando spectatur (Inst., l. II, 14, 5). Ex hac regulâ evidenter sequitur, cum unicus heres in testamento instituitur, frustra in ejus institutione partem adjici, detractâque partis mentione eum nihilominus ex asse heredem futurum.

Cum autem plures heredes instituuntur, potest testator ex quibus voluerit partibus eos heredes instituere, vel etiam non expressâ parte.

Valet quidem institutio parte non adscripta, at non valet eâ adscripta parte, quæ in rerum naturâ non existet. «Ex his partibus ex quibus testamento matris scripti fuissent, heredes sunto.» Si mater intestata decesserit, hos non esse institutos.

TERTIA PARS.

Cum plures sunt heredes, necesse est inter eos distribui hereditatem. Testatoris hereditas inter omnes heredes quos scripsit aut inter eos qui ex illis supersunt distribui debet ut tota distribuatur, nullaque pars supervacua remaneat.

Hereditas plerumque dividitur in duodecim uncias, quæ assis appellatione continentur. Habent autem et hæ partes propria nomina ab uncia usque ad assem : ut puta hæc, sextans, quadrans, triens, quincunx, semis, septunx, bes, dodrans, dextans, denux. Non autem utique semper duodecim uncias esse oportet. Nam tot unciæ assem efficiunt, quot testator voluerit; et si, unum tantum, quis ex semisse, verbi gratia, heredem scripserit totus as in semisse erit. Neque enim idem ex parte testatus et ex parte intestatus decedere potest : nisi sit miles cujus sola voluntas, ut dictum est, in testando spectatur.

Et e contrario potest quis in quotcumque voluerit plurimas uncias suam hereditatem dividere.

Si plures instituantur heredes, ita demum in hoc casu partium distributio necessaria est, si nolit testator eos ex æquis partibus, heredes esse : Satis enim constat nullis partibus nominatis, ex æquis partibus eos heredes esse. Partibus antem in quorumdam personis expressis, si quis alius sine parte nominatus erit : si quidem aliqua pars assideerit, ex ea parte heres sit.

Et si plures sine parte scripti sunt, omnes in eamdem partem concurrunt. Si verò totus as completus sit, si qui nominatim expressas partes habent in dimidiam partem vocantur, et ille vel illi omnes in alteram dimidiam. Nec interest primus an medius, an novissimus sine parte heres scriptus sit; ea enim pars data intelligitur quæ vacat.

Videamus si pars aliqua vacet, nec tamen quisquam sine parte sit heres institutus, quid juris sit, veluti si tres ex quartis partibus heredes scripti sunt. Et constat vacantem partem singulis tacite pro hereditariâ parte accedere et perinde haberi, ac si ex tertiis partibus heredes scripti essent. Et ex diverso, si plures heredes scripti in portionibus sint tacite singulis decrescere: ut si, verbi gratia quatuor ex tertiis partibus heredes scripti sint, perinde habeantur ac si unusquisque ex quartâ parte heres scriptus fuisset.

Et si plures unciæ, quam duodecim distributæ sint, is qui sine parte institutus est, quod dupondio deest, habebit. Idemque erit si dupondius expletus sit; quæ omnes partes ad assèm postea revocantur, quamvis sint plurime unciarum (Inst., l. II, t. XIV, § 5).

DROIT CIVIL FRANCAIS.

Des institutions d'héritiers.

(Art. 1002, 1025.)

SECTION PREMIÈRE.

HISTORIQUE ET DISPOSITIONS GÉNÉRALES.

Une grande différence existait à Rome et en France dans nos pays de droit écrit entre les institutions d'héritiers et les legs. L'héritier institué représentait la personne du défunt, prenait sa place dans la société, succédait à ses droits, à ses charges, le représentait en un mot. Le legs n'était qu'un don particulier ou de quotité qui devait être délivré par l'héritier institué. « *Legatum est donatio quædam a defuncto relicta, ab herede præstanda* » (Inst., *De leg.*, I).

Dans l'ancien droit, on ne pouvait faire de legs sans instituer un héritier. L'institution d'héritier était une solennité intrinsèque du testament. Si elle manquait, l'acte était nul comme testament. Il pouvait toutefois valoir comme codicille au moyen de la clause appelée *codicillaire*, c'est-à-dire de la déclaration du testateur qu'il entendait que, si son testament ne valait pas comme testament, il valût du moins comme codicille, mais les effets n'étaient pas en tout point les mêmes.

L'origine de la solennité de l'institution venait de la prédilection qu'avaient les Romains pour l'exercice du pouvoir de tester. Chaque citoyen tenait à avoir un héritier de son choix. Mourir *ab intestat*, était une espèce de honte. Les successions légitimes n'avaient lieu qu'à défaut de successions testamentaires. «*At si intestatus moritur, cui suus heres nec escit, proximus agnatus familiam habeto*,» disaient les lois des Douze Tables.

Le legs était un retranchement fait sur l'hérédité, le legs ne saisissait pas, car, comme nous venons de le dire, le légataire était obligé de demander la délivrance à l'héritier institué. Le legs ne pouvait avoir d'existence, s'il ne marchait à côté d'une institution. Il était en cela fort différent du fidéicommis, l'un était la forme de droit civil, l'autre la forme de droit naturel; l'un était un ordre, l'autre une prière que le défunt adressait à son héritier légitime ou à son héritier testamentaire.

Par la suite, toutes ces différences furent abolies, les legs furent égalés aux fidéicommis, et les uns et les autres produisirent leurs effets, en quelques termes qu'ils fussent conçus.

Dans la France coutumière, les institutions d'héritiers n'étaient pas reçues, la loi seule faisait les héritiers, elle n'en connaissait pas d'autres que ceux du sang. «Le mort saisit le vif, son hoir plus proche et habile à lui succéder.» La coutume de Paris n'admettait pas l'institution, c'est-à-dire que l'institution n'y pouvait valoir directement, mais elle n'y était pas absolument de nul effet. Elle y valait comme legs universel dont la délivrance devait être demandée à l'héritier du sang. «Institution d'héritiers n'a lieu, c'est-à-dire qu'elle n'est requise pour la validité d'un testament, mais ne laisse de valoir la disposition jusques à la quantité de biens dont peut valablement disposer le testateur par la coutume.»

Dans d'autres coutumes, l'institution d'héritiers était absolument nulle, ne produisait aucun effet et ne valait pas même comme legs. La coutume de Vitry portait: «Institution d'héritiers par testament, ne autrement n'a lieu au préjudice de l'héritier prochain habile à suc-

D   2

céder.» «*Et sic, nec in vim quidem legati, valet sub hac consuetudine,*» disait Dumoulins.

Mais, en général, l'institution était convertie par bénigne interprétation en legs universel jusqu'à concurrence des légitimes, sous condition de demander la délivrance aux héritiers du sang.

Ainsi, on le voit, le système coutumier était aussi absolu en faveur des héritiers *ab intestat*, que le droit romain l'était en faveur des héritiers institués. Dans le premier, tout se référait à la volonté de la loi. «*Gignuntur heredes non scribuntur.*» Dans le droit romain, au contraire, la volonté de l'homme, plus forte que les liens du sang, dominait tout.

Entre ces deux législations opposées, le Code a pris un parti mitoyen (Bigot, *Exp. de motifs*, p. 204), qui dérive des principes adoptés sur la disponibilité des biens. Celui qui a des descendants ou des ascendants, ne peut disposer par testament que d'une partie de ses biens.

En ce cas, les héritiers du sang sont les seuls héritiers, les seuls saisis par la loi avant la délivrance des legs. Quand même le testateur voudrait les dépouiller de la saisine, il ne le pourrait pas : c'est un privilége de famille placé au-dessus de son caprice par l'honneur de son sang (Troplong, t. IV, p. 9).

Mais si le testateur n'a ni ascendants ni descendants, il peut disposer de ses biens sans aucune réserve, il peut se créer un héritier. Alors cet héritier est saisi, comme dans le droit romain, au préjudice des héritiers *ab intestat*, qui, dans le cas où ils seraient gratifiés de quelques legs, seraient obligés d'en demander la délivrance.

Ce mélange du droit romain au droit coutumier est dû au consul Cambacérès.

Le Code n'exige pas, comme le droit romain, que, dans le cas où l'institution d'héritiers peut avoir lieu, le testament soit revêtu de la formalité de l'institution. Il ne règle pas l'effet des dispositions testamentaires sur des dénominations qui n'en peuvent changer la nature;

mais il les règle par l'étendue que le testateur a voulu leur donner. Sous ce rapport, l'art. 1002 distingue trois espèces de legs : le legs universel, le legs à titre universel et le legs à titre particulier.

SECTION II.

DU LEGS UNIVERSEL.

ART. PREMIER. *Caractères du legs universel.*

Le legs universel est la disposition testamentaire par laquelle le testateur donne à une ou plusieurs personnes l'universalité des biens qu'il laissera à son décès (art. 1003).

Lorsque le testateur fait encore d'autres dispositions, ce qui a lieu le plus souvent, le legs n'en conserve pas moins son caractère de legs universel, car ces dispositions ne sont que des charges, des délibations, dont le legs se trouve affecté et dont il se trouve affranchi, si elles manquent leur effet par une cause quelconque.

La définition du Code, pour être complète, devrait indiquer que le legs fait à plusieurs personnes n'est universel que qnand le testateur leur a légué conjointement. En effet, le legs ainsi conçu : Je lègue tous mes biens à Jean et à Pierre, est universel ; car les parts n'étant pas assignées, chacun d'eux a droit à l'universalité, en sorte que, si l'un prédécède, l'autre recueillera la succession entière, et si le testament contient des legs particuliers devenus caducs, ce sera celui des deux légataires universels qui ne sera point prédécédé, ou n'aura point renoncé, qui en profitera à l'exclusion des héritiers naturels ; mais si le testateur lègue à Jean la moitié de ses biens et à Pierre l'autre moitié, ils ne seront pas légataires universels, mais légataires à titre universel, chacun pour la moitié qui lui est assignée. Aussi n'y aurait-il pas accroissement de la part de l'un à celle de l'autre, lors même que le testateur ne laisserait pas de parents à un degré successible.

Le conjoint survivant ou l'État recueillerait la moitié comprise dans le legs caduc.

Le légataire universel est un véritable héritier; son droit, plein et entier en lui-même, n'est limité que par le concours d'autres droits égaux et semblables; et lorsque ce concours disparaît, soit par le refus, soit par le prédécès de ceux à qui des droits semblables ont été conférés, le droit du légataire universel embrasse, par sa propre vertu, tout l'ensemble de l'hérédité. *Hi qui in universum jus succedunt, heredis loco habentur.*

Pour l'institution d'un héritier, d'un légataire universel, la loi n'a pas prescrit de termes sacramentels. Il suffit qu'il y ait dans le testament claire manifestation de la volonté du testateur de transmettre au légataire l'universalité des biens qu'il laissera à son décès.

Souvent il se présente beaucoup de difficultés quand il s'agit d'apprécier si un legs est ou non legs universel. Il faut alors moins s'attacher à la dénomination que lui a donné le testateur qu'à l'intention de ce dernier, manifestée par l'ensemble de ses dispositions.

L'abbé Wolfius, ancien évêque de Dijon, laisse un testament par lequel il institue ses légataires universels, pour une moitié chacun, Marie Guedeney, sa domestique, et le sieur Sylvestre. Le testament fut attaqué par les héritiers *ab intestat*, comme étant l'œuvre de la captation, et le résultat de l'instruction établit que l'abbé Wolfius avait été circonvenu par les manœuvres dolosives de Marie Guedeney. Le legs de moitié fait à cette femme fut déclaré nul. Mais à qui devait profiter la nullité? Au sieur Sylvestre qui se prévalait de son titre de légataire universel ou aux héritiers *ab intestat*? La Cour de Dijon, après examen, décida que Sylvestre n'était qu'un légataire de quotité, que l'intention du testateur n'avait jamais été que cet individu recueillît plus que moitié, et que ce serait outre-passer sa volonté que de le faire profiter de la nullité. Sur le pourvoi, la requête fut rejetée par arrêt de la Cour de cassation du 18 mars 1825 (Troplong, t. V, 1780).

Art. ii. *Des droits et obligations du légataire universel.*

Le legs universel a pour effet de transporter à l'institué tout l'ensemble des biens laissés par le testateur. Lorsqu'il n'existe pas d'héritiers à réserve, cet effet est plein et entier. S'il existe un ou plusieurs héritiers à réserve, le droit du légataire universel se trouve réduit à la quotité disponible.

Le legs universel embrasse tous les biens laissés par le testateur, non pas seulement ceux qui existent en nature, mais encore les biens incorporels, tels que créances, actions à exercer et tous droits quelconques, à l'exception seulement des droits exclusivement attachés à la personne du testateur, lesquels meurent avec lui et ne passent pas à ses successeurs.

Nous avons déjà vu que le Code donnait la saisine aux héritiers du sang lorsqu'ils sont légitimaires, et la donne aux légataires universels, sans avoir égard aux héritiers *ab intestat*, lorsqu'il n'y a pas de légitimaires.

Examinons maintenant si le testateur peut par une disposition expresse priver les héritiers légitimes de la saisine et dispenser les légataires universels de la demande en délivrance. Évidemment non; la possession de droit étant en faveur des héritiers et contre la liberté du testateur, il s'ensuit qu'il ne peut se dispenser lui-même d'une loi qui lui est imposée.

La saisine est un moyen d'ordre et de régularité dont on ne saurait s'écarter sans inconvénient. Il ne peut dépendre du testateur de porter atteinte à une dévolution que la loi a établie en vue d'une prééminence due à certains privilégiés.

Dans le cas où le légataire est obligé de demander la délivrance, à qui appartiennent les fruits pendant l'intervalle qui s'écoule entre l'ouverture de la succession et le jour où la délivrance est, soit judiciairement demandée, soit volontairement consentie. La loi fait à cet égard une distinction. L'art. 1005 dispose que le légataire universel aura la jouissance des biens compris dans le testament à compter du jour du décès, si la demande en délivrance a été faite dans l'année. Sinon, cette jouissance ne commencera que du jour de la demande en délivrance formée en justice, ou du jour où la délivrance aura été volontairement consentie.

De l'obligation de demander la délivrance on ne doit pas conclure que le légataire qui s'est mis en possession de sa propre autorité est par cela seul déchu de son legs.

Le légataire illégalement mis en possession serait seulement considéré comme possesseur de mauvaise foi.

Il résulte de là que s'il ne formait pas ensuite sa demande en délivrance ou n'obtenait une délivrance volontaire qu'après l'expiration d'une année après le décès du testateur, il n'aurait aucun droit aux fruits jusqu'à cette époque et devrait restituer ceux qu'il aurait perçus pendant sa possession.

Quoique, en principe, le légataire universel soit saisi de plein droit par la mort du testateur, lorsque celui-ci ne laisse pas d'héritiers à réserve, néanmoins ce n'est pas dans tous les cas qu'il peut de lui-même se mettre en possession de la succession. Il faut, au contraire, distinguer si le testament est par acte public ou s'il est en la forme mystique ou olographe.

Si le testament est par acte public, le légataire peut prendre possession des biens, il n'a besoin pour cela de remplir aucune formalité.

Si le testament est olographe ou mystique, le légataire doit se faire envoyer en possession par une ordonnance du président du tribunal du lieu de l'ouverture de la succession mise au bas d'une requête à laquelle doit être jointe l'expédition de l'acte de dépôt du testament.

Le président ouvre le testament s'il est cacheté, il dresse procès-verbal de la présentation, de l'ouverture, de l'état du testament dont il ordonne le dépôt entre les mains d'un notaire par lui commis (art. 1007).

Si le testament est dans la forme mystique, l'ouverture ne peut s'en faire qu'en présence de ceux des notaires et des témoins signataires qui se trouvent sur les lieux ou eux dûment appelés.

La nécessité de l'envoi en possession, prescrite par l'art. 1008, se justifie d'elle-même. D'abord le testament mystique ou olographe n'est qu'un acte privé, l'ordonnance du président lui donne la force exécutoire qui lui manque. D'un autre côté, on ne pourrait autoriser tout individu, par cela seul qu'il se prétend légataire universel en vertu d'un testament plus ou moins régulier, à se mettre en possession des biens héréditaires, sans qu'il fût préalablement pris aucune précaution pour rassurer la société et pour garantir les droits des absents intéressés.

Il est dans l'usage, dans le cas dont nous venons de parler, c'est-à-dire lorsque le légataire est obligé de se faire envoyer en possession, de joindre à la requête un acte de notoriété, constatant que le testateur est décédé sans réservataires.

L'ordonnance d'envoi en possession imprime au testament l'exécution parée. Par suite, tant qu'il n'a pas été formé d'opposition à cette ordonnance, ou que le testament n'a pas été attaqué par voie d'action, le légataire a capacité pour disposer librement des biens héréditaires.

Nous allons examiner maintenant qu'elles actions a le légataire pour obtenir la délivrance. Ces actions sont au nombre de trois. L'action personnelle, l'action réelle et l'action hypothécaire.

L'action réelle pour se faire délivrer par les possesseurs les corps certains qui se trouvent dans les legs.

L'action personnelle pour faire condamner les détenteurs à la délivrance de tout ce que contient le legs.

L'action hypothécaire par laquelle les héritiers sont tenus hypothécairement pour le tout à la délivrance des legs.

Cette hypothèque légale fait que tous les biens composant la succession sont affectés au paiement du don, quels que soient les partages que les héritiers aient pu faire entre eux. Quelques auteurs pensaient, sous l'ancienne législation, que l'on pouvait commencer la demande en délivrance par voie d'exécution. D'autres voulaient que l'on ne pût venir par voie d'exécution que lorsque le testament était authentique. D'autres, enfin, voulaient que l'on ne pût venir que par voie d'action (Troplong, art. 1797).

Nous avons dit que le légataire a trois actions, mais aucune ne peut servir de fondement à un acte d'exécution.

Ce n'est donc qu'après avoir été intentées dans la forme ordinaire et suivies d'un jugement de condamnation qu'elles peuvent donner lieu à voie d'exécution.

Les obligations du légataire universel consistent à payer les dettes du testateur, à acquitter les legs et à supporter les autres charges dont la succession peut être grevée. Il est rare qu'une succession ne soit pas grevée de quelques charges, dettes ou legs.

Quand le légataire universel est seul, il supporte seul toutes les dettes et charges de la succession; mais s'il y a des héritiers à réserve, il ne paie dans les dettes qu'une portion correspondante à la portion active qu'il doit conserver. Quant aux legs particuliers, il les paie tous, parce qu'il a en totalité l'unité destinée à les payer, le disponible.

Le légataire universel est-il tenu des dettes de la succession *ultra vires emolumenti*, comme l'héritier naturel, ou n'en est-il tenu que jusqu'à concurrence de ce qu'il recueille? Il faut d'abord distinguer deux cas: celui où la succession est disponible en totalité et celui où le légataire universel se trouve en concours avec des légitimaires.

Le légataire universel est tenu au delà de l'émolument qu'il reçoit lorsqu'il n'a à côté de lui aucun héritier à réserve. Se trouvant alors saisi de plein droit, il continue et représente le défunt, il est héritier par la volonté de l'homme, et puisqu'il est héritier, il doit être assimilé à celui qui succède par nature. Or, l'art. 724 du Code civil dit: « Les héritiers légitimaires sont saisis de plein droit des biens, droits et actions du défunt, sous l'obligation d'acquitter les charges de la succession. » Cette doctrine, du reste, est généralement admise par les auteurs.

Supposons maintenant qu'il existe un héritier à réserve, les droits du légataire universel se trouvant réduits par l'effet de ce concours, son obligation de payer les dettes se trouvera réduite dans la même proportion. Mais sera-t-il tenu *ultra vires* de cette part qui restera à sa charge? La question est vivement controversée. L'affirmative est soutenue par MM. Merlin, Grenier, Troplong; la négative par MM. Favard, Duranton, Aubry et Rau, Delvincourt, Toullier.

La Cour de cassation, dans un arrêt du 13 août 1855, s'est décidée pour l'affirmative en soutenant que l'héritier universel, alors même qu'il est en concours avec des héritiers à réserve, est tenu pour sa part et portion des dettes *ultra vires emolumenti* (Dalloz, art. 3681, p. 1045).

Pour nous, nous croyons devoir nous ranger à cette dernière opinion. L'existence d'héritiers à réserve restreint, il est vrai, l'étendue de la libéralité faite à un légataire universel, mais ne change pas la nature de ses droits, elle n'altère pas le caractère du titre que lui a conféré le testament. Au lieu de recueillir seul l'hérédité, il a dans le réservataire un concurrent avec lequel il est obligé de partager.

Il n'en reste pas moins successeur à la personne du testateur, et à ce titre personnellement obligé envers les créanciers de la succession, obligé même sur ses biens personnels. Que dit l'art. 1009? « Le légataire universel qui sera en concours avec un héritier, auquel la loi réserve une quotité, sera tenu des dettes et charges de la succession personnellement pour sa part et portion et hypothécairement pour le tout. » Il est tenu des dettes et charges pour sa part et portion. Ainsi, si la quotité disponible est de la moitié des biens, il est obligé de payer la moitié des dettes; or, il n'en paierait pas la moitié si, lorsqu'il y a plus de dettes que de biens, il n'était tenu que jusqu'à concurrence de son émolument. A la vérité, le légataire universel ne s'est pas obligé personnellement, il n'a pas contracté, mais la loi déclare qu'il est obligé personnellement, et cela suffit.

Mais, peut-on dire, le légataire, en concours avec des héritiers à réserve, n'a pas la saisine. Or, entre la saisine et l'obligation de payer

D   3

les dettes, même *ultra vires*, l'art. 724 semble établir une étroite
corrélation. Cet article dit que « les héritiers légitimes sont saisis de
plein droit des biens, droits et actions du défunt, sous l'obligation
d'acquitter toutes les dettes et charges de la succession. » Le légataire
universel en concours n'est pas saisi de plein droit dès l'ouverture de
la succession, mais il le sera quand il aura la délivrance, soit de l'héritier, soit de la justice. Jusqu'à ce moment il ne pourra agir, et l'on
ne pourra agir contre lui; mais une fois la délivrance obtenue, peu
importe qu'il ait été saisi un peu plus tôt, un peu plus tard. La délivrance, du reste, a un effet rétroactif, du moins quand elle a été faite
dans l'année, et il dépend du légataire qu'il en soit ainsi.

Une conséquence nécessaire de ce qui précède c'est que le légataire
universel doit être comme l'héritier légitime admis au bénéfice d'inventaire. On l'a contesté par la raison que la loi, dans les art. 799 et
suivants du Code Napoléon, ne parle que des héritiers. Mais les légataires universels sont des héritiers, non des héritiers naturels, mais des
héritiers institués, des héritiers faits par la volonté de l'homme. *Ili qui
in universum jus succedunt, heredis loco habentur.* Il n'y a donc pas de
raison pour leur refuser le bénéfice d'inventaire.

Lorsqu'il n'y a pas d'héritiers à réserve, c'est le légataire universel
qui, tenant la place de l'héritier légitime, doit acquitter tous les legs.
Mais en est-il tenu *ultra vires?* Oui, s'il a accepté purement et simplement.

S'il existe des héritiers à réserve, ces héritiers ne peuvent être gre-
vés de legs pour aucune portion, car la réserve n'est autre chose
qu'une limite imposée dans l'intérêt de certains héritiers aux libérali-
tés du testateur. Elle doit donc rester intacte.

Il peut arriver que le légataire universel soit tenu de délivrer aux
autres légataires tout l'actif disponible. Il n'aura alors que le rôle d'exé-
cuteur testamentaire, tout en conservant le droit éventuel de profiter
de la caducité des legs.

Suivant la loi des Douze Tables, un testateur pouvait, après avoir institué un héritier, disposer par legs de tous ses biens. Souvent alors l'héritier institué répudiait l'hérédité et le testament tombait avec toutes ses dispositions. Les lois Voconia et Fuzia limitèrent le droit de disposer, mais ayant été reconnues insuffisantes, la loi Falcidie décida qu'un testateur ne pourrait disposer en legs particuliers de plus des trois quarts de son hérédité. Le quart restant, attribué à l'héritier institué, fut appelé *quarte Falcidie*.

Cette règle n'a pas été admise par le Code, n'ayant pas aujourd'hui la même raison d'être ; car la répudiation du legs universel laisse subsister le testament et les legs qu'il contient.

Le testateur peut même encore ajouter aux obligations imposées par la loi au légataire universel des charges particulières. C'est au légataire à peser les forces de la succession et de refuser la libéralité si elles lui paraissaient excessives.

SECTION III.

UN LEGS A TITRE UNIVERSEL.

Art. premier. *Caractères du legs à titre universel.*

Le legs à titre universel est celui par lequel le testateur lègue une quote-part des biens dont la loi lui permet de disposer, telle qu'une moitié, un tiers, ou tous ses immeubles, ou tout son mobilier, ou une quotité fixe de tous ses immeubles, ou de tout son mobilier.

Toute autre disposition ne forme qu'un legs à titre particulier (art. 1010).

Cette définition que donne l'article que nous venons de citer : « une quote-part des biens dont la loi lui permet de disposer, » est incomplète.

Elle se confond avec le cas de l'art. 1013 qui est simplement celui du legs d'une quotité de la portion disponible, tandis qu'il y a aussi legs à titre universel quand le testateur a légué une quotité de tous ses biens, quoiqu'il n'ait pu disposer de tout son patrimoine parce qu'il a laissé des héritiers auxquels une portion de sa succession est réservée par la loi.

Si le testateur a dit: « Je lègue le quart de mes biens à Paul, » ce legs porte sur tous les biens indistinctement. Mais s'il a dit: « Je lègue à Paul le quart de ce dont je puis disposer » et qu'il laisse un enfant, le legs ne se trouve être que du huitième de l'hérédité, puisque le disponible dans l'espèce n'est que de la moitié de la succession (art. 913; Duranton, t. IX, p. 219).

ART. II. *Droits et obligations du légataire à titre universel.*

Les légataires à titre universel sont tenus de demander la délivrance de leur legs aux héritiers auxquels une quotité de biens est réservée par la loi, à leur défaut aux légataires universels et, à défaut de ceux-ci, aux héritiers appelés dans l'ordre établi au titre *Des successions* (art. 1011).

Les légataires à titre universel sont donc toujours obligés de demander la délivrance. Ils ne sont jamais saisis, soit qu'il y ait des héritiers à réserve, soit qu'il n'y en ait pas, soit qu'il y ait un héritier testamentaire, soit qu'il n'y en ait pas; toujours ils doivent demander la délivrance à celui qui est saisi d'après les règles du Droit commun sur la dévolution des biens après décès.

Lors même que les différents legs à titre universel ne laisseraient rien aux héritiers légitimes non réservataires, comme dans le cas de deux legs, l'un de tous les biens meubles, l'autre de tous les immeubles, les légataires n'en devraient pas moins demander la délivrance, sauf aux héritiers seuls saisis à renoncer à l'hérédité, auquel cas les légataires feraient nommer un curateur à la succession vacante.

Dans le cas où il n'y aurait pas de parenté au degré successible, ni enfant naturel reconnu, ni conjoint survivant, le légataire universel devrait encore demander la délivrance à l'État, après que celui-ci en aurait obtenu l'envoi en possession.

L'enfant naturel, le conjoint survivant et l'État sont donc alors *loco heredis,* lorsqu'il n'y a pas de parents au degré successible, ni de légataire ou donataire universel. Ils sont successeurs irréguliers, il est vrai, mais successeurs; or, l'art. 1011 veut que le légataire à titre universel demande la délivrance aux héritiers dans l'ordre établi au titre *Des successions.* Le légataire à titre universel ne peut se faire sa part à lui-même, il lui faut un contradicteur. Mais si l'enfant naturel, le conjoint survivant ou l'État refusaient de se faire envoyer en possession ou y mettaient trop de lenteurs, les légataires à titre universel pourraient, après interpellation faite et l'expiration d'un délai fixé par le juge, faire nommer un curateur et lui demander la délivrance.

Il n'y a exception aux règles que nous venons de citer, que dans le cas où l'objet légué est en possession du légataire à titre universel au jour de l'ouverture du legs, alors seulement il est dispensé de demander la délivrance (Nîmes, 5 janvier 1838).

L'art. 1005 accorde au légataire universel la jouissance des fruits, à compter du décès du testateur. Lorsque la demande en délivrance a été intentée dans l'année, la même disposition doit-elle s'appliquer au légataire à titre universel? Le silence du Code est d'autant plus étonnant à cet égard, que dans les art. 1014 et 1015 il règle les droits du légataire particulier aux fruits de la chose léguée.

Quoi qu'il en soit, la plupart des auteurs assimilent le légataire à titre universel, en ce qui concerne la jouissance des fruits et intérêts, au légataire universel en concours avec des héritiers à réserve. Il a donc droit à cette jouissance à partir du décès du testateur, à moins qu'il n'ait formé sa demande en délivrance qu'après l'expiration de l'année, et alors les fruits et intérêts ne lui sont dus qu'à compter du jour de la demande (C. Nap., arg. 11, art. 1005). MM. Coin-Delisle, Marcadé, t. IV, art. 1005, n° 2), Troplong (n° 1855), sont de l'avis contraire; ils assimilent le légataire à titre universel au légataire particulier.

La Cour de Bourges, par arrêt du 1er mars 1821, a jugé dans leur sens, en décidant que le légataire à titre universel avait droit aux fruits,

non à partir du décès du testateur, mais seulement du jour de la délivrance, lors même que la demande en aurait été faite dans l'année.

Le légataire à titre universel sera tenu, dit l'art. 1012, comme le
légataire universel, des dettes et charges de la succession personnellement pour sa part et portion, et hypothécairement pour le tout.

Ce que nous avons dit sur le partage des dettes relativement au légataire universel s'applique également au légataire à titre universel.
Ainsi, à l'égard des créanciers, le légataire à titre universel est tenu
personnellement pour sa part et portion, et il est tenu même *ultra
vires*, tout aussi bien que le légataire universel, en concours avec un
légitimaire. L'art. 1012, qui le concerne, est conçu dans les mêmes
termes que l'art. 1009, qui s'applique au légataire universel en concours avec un héritier légitime.

C'est, du reste, ce que la Cour de cassation a reconnu par un arrêt
du 13 août 1851, dans lequel elle a assimilé le légataire à titre universel au légataire universel, quant à l'obligation de payer les dettes
même *ultra vires*.

L'existence d'héritiers à réserve n'exerce aucune influence sur la
contribution du légataire à titre universel aux dettes de la succession ;
car, pour déterminer l'étendue de la réserve et celle de la quotité disponible, on commence par défalquer, au moins fictivement, le mon-
tant intégral des dettes, et c'est sur ce qui reste après cette opération
qu'on fixe l'étendue de la réserve. *Bona non intelliguntur nisi deduc-
tore alieno.* Il résulte de là que, soit qu'il y ait des réservataires, soit
qu'il n'y en ait pas, les dettes sont supportées par chacun des coparta-
geants dans la proportion des biens qu'il doit recueillir.

Quant aux legs, leur paiement n'est point réparti entre les héritiers
et les légataires à titre universel, comme il l'est entre les héritiers et
les légataires universels. Le légataire universel, quand il concourt seul
avec un héritier à réserve, laisse d'abord le légitimaire prélever sa réserve, distraction faite des dettes, et demeure seul chargé du paiement
des legs (C. Nap., art. 1009).

Lorsqu'il y a un légataire à titre universel avec un héritier, il faut distinguer. Si cet héritier n'est pas légitimaire, il ne peut se décharger de l'obligation de payer les legs particuliers, concurremment avec le légataire à titre universel, qu'en renonçant à la succession. Si l'héritier est légitimaire et qu'il ne renonce pas, il ne contribuera au paiement des legs particuliers qu'autant que, outre sa réserve, il recueillera une part de biens non absorbée par le legs à titre universel. En effet, l'art. 1013 dit que : « Quoique le testateur n'aura disposé que d'une partie de la portion disponible et qu'il l'aura fait à titre universel, ce légataire sera tenu d'acquitter les legs particuliers par contribution avec les héritiers naturels. » Il n'y contribuera, du reste, que proportionnellement à la part qu'il prend dans la quotité disponible.

S'il y a un légataire universel, un légataire à titre universel et un héritier réservataire, c'est avec le légataire universel seul que le légataire à titre universel concourt pour le paiement des legs.

On voit, d'après ce qui précède, que le légataire à titre universel supporte les dettes dans la proportion de sa part dans la succession entière, tandis qu'il ne supporte les legs que dans la proportion de sa part dans la quotité disponible.

SECTION II.

DES LEGS PARTICULIERS.

Tous les legs auxquels ne s'appliquent ni la définition des legs universels ni celle des legs à titre universel, telles que les donnent les art. 1003 et 1010, sont des legs à titre particulier. Ainsi le legs de tous les immeubles que le testateur possède dans telle commune, dans tel département, dans tel lieu, enfin, le legs de tous les immeubles d'une certaine espèce, de tous les prés, de toutes les vignes du testateur, ne constituent que des legs à titre particulier.

Il en est de même du legs qui aurait pu être fait d'une succession échue au testateur, ou de ses droits dans la communauté de biens qui a existé entre lui et son conjoint (Grenier, *Donat.*, p. 116). Les legs d'usufruit, même d'une quote-part ou de l'universalité des biens du testateur, ne sont également que des legs à titre particulier. En effet, le légataire de l'usufruit, quoique de l'universalité ou d'une quote-part des biens du testateur, ne lui succède pas *in universum jus defuncti*, il ne recueille ni le patrimoine ni une partie aliquote du patrimoine du testateur, et il n'est pas tenu personnellement envers les créanciers de ce dernier au paiement des dettes. Si la loi distingue ces legs comme ceux de pleine propriété en universels, à titre universel et à titre particulier, cette distinction n'a d'autre objet que de déterminer les cas dans lesquels les légataires d'usufruit sont tenus de supporter avec le nu propriétaire la charge des dettes qui grèvent les biens soumis à l'usufruit et de régler la mesure et le mode de leurs obligations à cet égard (MM. Aubry et Rau, t. V, p. 380).

En règle générale, toutes les choses qui peuvent contribuer au bien-être de l'homme, de quelque nature qu'elles soient, toutes les choses dont la possession peut procurer un avantage quelconque, mobilières ou immobilières, corporelles ou incorporelles, peuvent être la matière d'un legs.

Il faut que la chose léguée soit dans le commerce au moment où le legs est fait, en sorte que, si elle n'y était pas alors, quand bien même elle s'y trouverait lors de la mort du testateur, le legs n'en serait pas moins nul, et ce, encore que le legs eût été fait conditionnellement; par exemple : Je vous lègue tel nègre qui est libre s'il devient esclave. Il faut encore que la chose léguée soit dans le commerce particulier du légataire. De là, un legs d'immeubles fait à une corporation religieuse avant la loi du 2 janvier 1817 aurait été nul.

On peut aussi léguer des faits, pourvu qu'ils soient possibles et licites; par exemple : Mon héritier construira à ses frais un mur pour enclore le jardin de mon voisin.

On peut léguer des choses indéterminément ou des quantités, pourvu qu'elles soient déterminables. Or, les choses ne sont déterminables que

par la désignation d'un genre ou par la mesure ou le nombre; et même
ici le genre doit être pris dans une acceptation restreinte. Ainsi, le
legs d'un animal serait nul à raison de l'infinie variété des espèces et
de la faculté qu'aurait l'héritier de s'acquitter en offrant un insecte qui
n'aurait aucune valeur et ne serait d'aucune utilité. De même, si le testateur avait légué du blé, du vin, de l'huile, le legs serait nul, parce
que l'héritier pourrait se libérer en offrant quelques gouttes de vin, etc.
Or, presque rien équivaut à rien.

D'après le Droit romain, le legs de la chose d'autrui était nul quand
le testateur avait légué la chose d'autrui la croyant sienne; il était valable, au contraire, lorsqu'il l'avait léguée sciemment. C'était au légataire à prouver que le testateur savait que la chose léguée ne lui appartenait pas (Inst., l. II, t. XX, 4) et non à l'héritier à prouver qu'il
l'ignorait.

Dans le cas où le legs était valable, l'héritier devait, en s'entendant
à cet effet avec le propriétaire, acquérir la propriété de la chose léguée
et la délivrer au légataire, ou, s'il n'y réussissait pas, lui en payer l'estimation.

Cette théorie, fort rationnelle en Droit, était suivie dans notre ancienne jurisprudence, mais elle donnait lieu dans l'application à de
nombreux inconvénients et à de nombreuses difficultés, soit pour l'ac-
quisition, soit pour le paiement de l'estimation. Le Code a voulu tarir
cette source de procès. De là, la règle que «le legs de la chose d'autrui
est nul, soit que le testateur ait eu, soit qu'il n'ait pas eu connaissance
que la chose léguée ne lui appartenait pas.»

Il ne faut cependant pas conclure de l'art. 1021 du Code Napoléon
que le legs de la chose d'autrui est toujours nul lorsque la chose léguée
ne se trouve pas dans la succession du testateur. D'abord, l'art. 1021
ne concerne que les legs de corps certains; ainsi, que le testateur lègue
un cheval, un bœuf, ce legs est valable, bien qu'il ne laisse dans sa
succession ni bœuf ni cheval. Dans ce cas, l'héritier est obligé de se
procurer la chose léguée pour en faire la délivrance au légataire. Mais,

pour que le legs d'une chose indéterminée soit valable, il faut, nous l'avons déjà dit, qu'elle soit déterminable.

Le legs d'une maison, d'un fonds de terre sans autre détermination, serait nul. Le Droit romain qualifiait un tel legs de « dérisoire » (Loi LXXI, *ff.*, *De legatis*). En effet, il n'y a pas dans les maisons et dans les fonds de terre une valeur commune qui puisse servir de mesure pour apprécier l'étendue de la libéralité. En sorte que l'héritier pourrait se libérer en livrant une misérable chaumière. Mais si le testateur avait légué une maison de 30,000 fr., sans la désigner, le legs serait valable, bien qu'il ne se trouve pas de maison dans la succession.

Le legs peut comprendre la chose d'autrui sous une alternative; par exemple, si le testateur a dit : « Je lègue à Paul la maison de Pierre ou 10,000 fr., » un tel legs est valable. Dans ce cas, si Pierre ne veut pas vendre sa maison, ou si l'héritier ne veut pas l'acheter, il comptera à Paul 10,000 fr. (Duranton, t. IX, p. 245; Aubry et Rau, t. V, p. 123).

Le legs d'une chose indivise entre le testateur et d'autres personnes est-il valable? Sous l'empire du Code il faut distinguer plusieurs cas. Il est nécessairement valable si l'immeuble est encore indivis au décès du testateur. Le légataire lui succédera et sera en communauté avec les autres copropriétaires. Mais si l'indivision a cessé du vivant du testateur, trois hypothèses sont à considérer. Ou le fonds a été partagé et le testateur possède à sa mort la part qui lui est échue, part qui revient au légataire, ou le testateur a vendu sa part à un tiers ou à un des copropriétaires, ou le fonds a été licité sans qu'il se soit rendu adjudicataire, et alors le legs se trouve révoqué, car on ne peut léguer ce qu'on a aliéné, ou enfin le testateur a acheté la part de ses copropriétaires et alors le legs est valable, mais seulement pour la portion qu'avait le testateur dans l'objet légué au moment du testament.

Le legs de sa dette, fait par un débiteur à son créancier, n'était utile en Droit romain qu'autant qu'il y avait plus d'avantage pour le créancier à agir comme légataire que comme créancier, en sorte qu'il se confondait avec la créance et se compensait avec elle, le créancier ne pouvant exiger que l'un ou l'autre.

L'art. 1023 du Code Napoléon porte, au contraire, que le legs fait au créancier ne sera pas censé fait en compensation de sa créance, ni le legs fait au domestique en compensation de ses gages. Mais le testateur peut toujours, par une déclaration, prévenir l'effet de la présomption de l'art. 1023. Ainsi, s'il disait : « Je lègue à Pierre la somme de.... que je lui dois, » ce serait la somme due et non une somme pareille qui serait due. Au lieu que si un débiteur lègue simplement une somme à son créancier, l'art. 1023 est applicable, quand même cette somme serait égale à celle qui est due, le legs ne serait pas censé fait en compensation de la créance. A *fortiori* en serait-il ainsi d'une somme différente.

Lorsque le testateur, après avoir légué un immeuble, l'a augmenté ensuite par de nouvelles acquisitions, ces acquisitions fussent-elles contiguës, ne sont pas censées, sans nouvelle disposition, faire partie du legs (art. 1019). Cet article fait, du reste, exception à l'égard des embellissements et des constructions nouvelles faites sur le fonds légué, et à l'égard aussi d'un enclos dont le testateur aurait augmenté l'enceinte.

La chose léguée doit être délivrée avec les accessoires et dans l'état où elle se trouve au jour du décès du testateur (art. 1018). Le legs d'un fonds fait sans réserve comprend les animaux attachés à la culture, les instruments aratoires, ainsi que tous autres objets réputés immeubles par destination ou accession (art. 522-525). Mais l'héritier n'a pas à répondre des dégradations ou pertes arrivées sans sa faute et avant qu'il fût en demeure de livrer la chose (art. 1042).

DE L'EFFET DES LEGS PARTICULIERS.

Tout legs pur et simple donne au légataire un droit sur la chose léguée, droit transmissible à ses héritiers (art. 1014). Cette disposition que les rédacteurs du Code ont placée au titre *Des legs particuliers* est, du reste, commune aux legs universels et aux legs à titre universel. L'article précité ne dit pur et simple qu'afin d'exclure les legs faits sous une condition suspensive ; car ceux-ci, en effet, ne transmettent pas au légataire, dès la mort du testateur, la propriété de la chose léguée, ils ne lui donnent, par rapport à cette chose, qu'une espérance, et ils deviennent caducs si la condition ne se réalise pas.

Le légataire particulier ne peut se mettre en possession de la chose léguée ni en prétendre les fruits et intérêts qu'à compter du jour de sa demande en délivrance formée suivant l'ordre établi par l'art. 1011, ou du jour où cette délivrance lui aurait été volontairement consenti.

La question de savoir si la délivrance a été volontairement consentie peut donner lieu à des difficultés ; mais c'est une question de fait dont la preuve peut se faire suivant les règles du Droit commun. Il n'est pas nécessaire qu'il y ait un écrit qui constate la volonté de délivrer ; puisque la loi n'en parle pas, la volonté de délivrer pourrait s'induire de certaines circonstances dont les juges auraient à apprécier le mérite.

La demande en délivrance fait courir au profit du légataire les intérêts de la valeur de la chose léguée, encore que cette chose ne produisit ni fruits ni revenus quelconques. Et, dans tous les cas, ces fruits et intérêts courent, au profit des légataires, du jour de la citation en conciliation, pourvu qu'elle soit suivie d'une demande en justice dans le mois, à dater de la non-comparution ou non-conciliation (C. pén., art. 57 ; Duranton, t. IX, p. 278).

Les fruits et intérêts courent au profit du légataire à partir de la mort du testateur et sans qu'il ait formé sa demande en délivrance dans les deux cas suivants :

1° Lorsque le testateur a expressément déclaré sa volonté à cet égard dans le testament;

2° Lorsqu'une rente viagère ou une pension a été léguée à titre d'aliments (art. 1015).

Les frais de la demande en délivrance sont à la charge de la succession, c'est une conséquence de ce principe qu'en général les frais de paiement sont à la charge du débiteur; or, les legs étant des charges de la succession, c'est la succession qui en est débitrice et qui doit, tant que la réserve n'est pas entamée, supporter les frais occasionnés par la demande en délivrance.

Il n'en est pas de même des frais d'enregistrement et de mutation. Ils sont à la charge du légataire. Du reste, chaque legs peut être enregistré séparément; il résulte de là un avantage évident pour le légataire qui peut demander délivrance de son legs sans faire enregistrer l'entier testament.

C'est là une innovation que M. Jaubert, dans son rapport au Tribunat, signalait en ces termes : « Chaque légataire pourra faire usage du testament, quoiqu'il n'ait fait enregistrer que son legs. On ne verra plus un ancien serviteur qui n'aura reçu qu'un legs d'aliments, languir dans la misère, par l'impossibilité de fournir aux frais d'enregistrement du testament entier. »

Les légataires particuliers ont trois actions pour obtenir ce qui leur a été légué : 1° une action en revendication, quand le legs a pour objet un corps certain dont le testateur était propriétaire; 2° une action personnelle, *ex testamento*, lorsque la chose n'est déterminée que quant à son espèce, action dont la cause productive se trouve dans le quasi-contrat qui résulte de l'acceptation de la succession par les héritiers ou successeurs universels; 3° et dans tous les cas une action hypothécaire sur tous les immeubles de la succession, action qui a son principe dans la loi et qui assure au légataire le droit d'être payé sur l'argent provenant de la vente des immeubles héréditaires, avant les créanciers personnels des débiteurs du legs. Elle leur assure, en outre, le droit de suivre les immeubles partout où ils passent, et de forcer les tiers acquéreurs de payer le legs, s'ils n'aiment mieux abandonner l'immeuble (art. 2114, 2166 et suiv.).

Les légataires particuliers ne contribuent pas au paiement des dettes; toutefois, ceux qui ont reçu un immeuble affecté par hypothèque au paiement d'une dette de la succession, peuvent être actionnés par le créancier hypothécaire, sauf leur recours contre les successeurs universels.

DROIT ADMINISTRATIF.

De la police sanitaire.

Homines nulla re propius ad deos accdunt
quam salutem hominibus dando.
(CICÉRO, *Orat. pro Ligur.*)

Un gouvernement, quel qu'il soit, absolu, républicain ou constitutionnel, doit surtout veiller à la santé et au bien-être des peuples qu'il gouverne. La question que nous avons à traiter n'est autre chose que ce devoir en ce qu'il regarde la salubrité publique.

Le mot *police sanitaire* embrasse dans sa signification littérale toutes les dispositions, tant législatives que réglementaires, qui ont pour objet de préserver la santé des hommes et même des animaux.

Historique.

Les peuples de l'antiquité sur lesquels il nous reste des documents historiques, nous prouvent que l'étude des influences salubres et insalubres est aussi ancienne que les sociétés humaines. En effet, ils attachaient une haute importance aux moyens de conserver la santé, et pour mieux en assurer l'exécution, ils leur attribuèrent souvent une origine céleste. C'est ainsi que les religions de Moïse, des Égyptiens, des Indous, renferment de nombreux dogmes, prescrivent de nombreuses pratiques qui n'ont évidemment d'autre but que le maintien de la santé publique.

Aux époques de la civilisation grecque et romaine, l'hygiène publique fut établie sur une base plus large et sur des conceptions plus élevées.

On eut alors des institutions sociales portant sur des influences gé-
nérales auxquelles personne ne put se soustraire. C'est ainsi que, dans
Athènes, les agoranomes étaient chargés de l'inspection des vivres.
Chez les Romains, les édiles céréales veillaient à l'abondance et à la
bonne qualité des aliments et des boissons. Les censeurs et ces édiles
étaient chargés de l'inspection et de la distribution des eaux. La salubrité de l'air et des habitations n'occupait pas moins ces peuples.
Cicéron parle d'une loi des Douze Tables contre l'inhumation des
morts dans l'intérieur des villes. L'impôt que Vespasien établit sur les
baquets destinés à recevoir les urines nous fait voir qu'il existait de ces
baquets dans les rues de Rome. Vitruve rapporte que, dans la vente d'un
terrain pour l'habitation, l'acquéreur était en droit d'annuler la vente,
s'il pouvait prouver que le bien vendu était malsain, *fundus pestilens*.

Malheureusement ces institutions suivirent la marche rétrograde
que l'ignorance et le fanatisme impriment toujours aux plus grandes
conceptions. Elles se perdirent avec les traces de la civilisation romaine et expliquent ainsi les causes nombreuses d'insalubrité qui ac-
cablèrent pendant plusieurs siècles la plus grande partie de l'Europe.

Dans ces temps de ténèbres on croit avoir tout fait en établissant et
multipliant des asiles destinés à recevoir les victimes des maladies les
plus hideuses et les plus formidables.

Bien que la France eût pendant longtemps subi la conséquence de
l'ignorance et de l'incurie comme les autres États, elle revint une des
premières à un meilleur ordre de choses. Philippe de Valois et
Jean II, son successeur, sous lequel La Regnie fut lieutenant de police, s'occupèrent beaucoup de la police sanitaire. Sous Charles IX,
Anbriot construisit les premiers égouts de Paris. Dès lors les progrès
de la police sanitaire suivirent la progression des lumières.

Vers le milieu du dix-huitième siècle fut créée la Société royale de
médecine, dont les nombreux travaux attestèrent toujours les soins
que le gouvernement mettait à s'éclairer sur tout ce qui regarde la salubrité publique.

La secousse politique qn'éprouva la France, les discordes civiles n'arrêtèrent que passagèrement les progrès de la science.

Sous Napoléon, on vit s'élever de nouvelles fabriques, des usines, des manufactures; mais ces nouvelles industries devaient influencer la salubrité publique et multiplier les dangers auxquels les populations manufacturières sont plus sujettes que les autres. Jusqu'en 1802, le magistrat chargé de la police, lorsqu'il avait une décision à donner sur une question de police sanitaire, prenait l'avis de médecins, de chimistes, d'experts. Cet avis n'était généralement pas discuté. Cette manière de procéder avait des inconvénients qui furent bientôt sentis. Aussi Dubois, alors préfet de police, créa et institua en 1802 un conseil de salubrité. L'exemple de la capitale ne tarda pas à être imité par quelques grandes villes, comme Lyon, Marseille, et aujourd'hui on compte autant de conseils de salubrité que de chef-lieux de département.

Aucun des gouvernements qui depuis lors ont régi la France n'a perdu de vue l'importante question de l'hygiène publique, et de nombreuses lois, de nombreuses améliorations nous ont prouvé et nous prouvent encore leur sollicitude à cet égard.

Notre intention n'est pas d'énumérer ici toutes les précautions laissées au pouvoir de la police municipale, mais d'exposer quelques règles sur les points les plus importants.

I. ÉTABLISSEMENTS INSALUBRES ET DANGEREUX.

Les établissements industriels peuvent nuire à la santé ou à la vie des hommes, soit parce qu'ils répandent des exhalaisons délétères, soit parce qu'ils présentent le danger d'une explosion toujours imminente. Il est donc juste que l'intérêt privé cède à l'intérêt général et soit soumis à certaines restrictions qui rentrent dans la classe des servitudes pour cause d'utilité publique.

Tel a été le but du décret de 1810 qui est le point de départ de la législation actuelle sur cette matière.

Le décret du 15 octobre 1810, dont nous venons de parler, a divisé

D   5

ces établissements en trois classes. La première comprend ceux qui doivent être éloignés des habitations, la deuxième ceux dont l'éloignement n'est pas nécessaire, mais dont il importe de ne permettre la formation qu'après enquête; la troisième ceux qui peuvent rester auprès des habitations, mais qui doivent être soumis à la surveillance de la police.

Ce décret contient l'énumération des établissements insalubres, divisés en trois classes. Mais les progrès constants de l'industrie ont rendu incomplète cette énumération. Aussi, dès 1815, une ordonnance a autorisé les préfets à suspendre la formation d'établissements nouveaux pouvant rentrer dans les deux dernières classes. Quant aux établissements pouvant rentrer dans la première classe, ils devaient en référer au ministre.

Suivant le § 8, du tableau B, du décret de décentralisation du 25 mars 1852, les préfets peuvent autoriser les établissements insalubres de première classe. Mais, leur responsabilité s'étant accrue en raison de l'extension de leurs pouvoirs, ils doivent provoquer dans l'examen des demandes en autorisation tous les avis qui peuvent être utiles, consulter les conseils d'hygiène et de salubrité.

Du reste, le ministre de l'intérieur a fait dresser un nouveau tableau indiquant les conditions d'exploitation qu'il est dans l'usage d'imposer à l'égard des établissements qui présentent le plus d'inconvénients.

Lorsqu'une demande en autorisation est admise par l'autorité préfectorale, ceux qui croient avoir à s'en plaindre sont indistinctement reçus à former opposition devant le conseil de préfecture qui statue, sauf recours au conseil d'État.

Quand l'autorisation a été refusée, la seule voie ouverte au demandeur est celle du recours au conseil d'État. Son appel au conseil de préfecture ne serait pas recevable.

II. INHUMATIONS.

Indépendamment des règles tracées par les lois civiles et criminelles pour prévenir les inhumations prématurées ou celles qui tendraient à faire disparaître la trace d'un crime, les lois administratives établissent des dispositions fondées sur des motifs de salubrité.

Aucune inhumation ne peut avoir lieu dans les églises, ni dans l'enceinte des villes et bourgs.

Les nouveaux cimetières doivent être établis à trente-cinq ou quarante mètres des habitations. La profondeur et la distance des fosses sont déterminées. Enfin, et pour terminer, les lieux de sépulture sont soumis à la surveillance de l'administration municipale (Décret du 27 prairial an XII).

III. ÉPIDÉMIES, ÉPIZOOTIES.

La liberté des communications, la *libre pratique* entre les différents pays est modifiée dans l'intérêt public quand une maladie contagieuse se déclare ou qu'il y a lieu d'en craindre l'invasion. Les provenances par mer ne sont admises qu'après une visite et des interrogatoires. Pour donner de la certitude à cette visite, tout navire doit être porteur d'une patente de santé qui fait connaître son état sanitaire et celui des lieux d'où il vient. Il n'y a exception que pour les bâtiments français parcourant de petites distances sur les côtes de France.

Les provenances par mer qui ne sont pas admises à la libre pratique sont astreintes à des quarantaines plus ou moins longues et sévères dans des lazarets.

Cette police des ports de mer est confiée, sous la surveillance des préfets, pour l'exécution, à des agents principaux ou ordinaires, et pour la délibération, à des conseils sanitaires. Ces conseils, nommés par le ministre de l'intérieur, sont placés auprès de chaque agent principal pour éclairer la marche de l'administration active. Mais, en outre, véritables juges administratifs, ils prononcent en dernier ressort, sauf recours au conseil d'État pour incompétence ou excès de pouvoir sur l'application des règlements. Leurs décisions, du reste, doivent être motivées.

Nous n'entrerons point dans les détails de l'administration active. Nous dirons seulement que, dans l'enceinte des lazarets, les fonctions, tant civiles que judiciaires, sont remplies par des membres de l'intendance sanitaire.

Le régime sanitaire dont nous venons de parler ne s'applique que dans les cas de maladies importées du dehors. Des précautions sont prises contre les épidémies qui pourraient se manifester dans l'intérieur de la France. Chaque arrondissement a un médecin des épidémies nommé par le ministre, chargé de suivre le traitement des maladies épidémiques et de se transporter dans les lieux où elles éclatent.

Lorsqu'une maladie contagieuse, une épizootie, frappe les animaux, l'administration supérieure et le pouvoir municipal peuvent et doivent prendre toutes les mesures nécessaires pour en arrêter l'invasion et en prévenir le cours.

IV. DES MAISONS DE TOLÉRANCE.

De toutes les maladies qui peuvent affecter l'espèce humaine par voie de contagion, il n'en est pas de plus grave, de plus dangereuse que celle qui a envahi la société depuis le milieu du seizième siècle, d'autant plus dangereuse qu'elle frappe de préférence cette partie de la population qui, par son âge, fait la force et la richesse des États. Nous n'avons pas à entrer ici dans les détails de la police des prostituées. Seulement nous dirons que des médecins sont désignés par le pouvoir pour faire à des intervalles fixes et réguliers la visite des femmes qui font métier de la prostitution.

Du reste, aucune loi ne règle cette partie de la police sanitaire, laissée au pouvoir discrétionnaire de la police, qui procédait et procède encore par voie administrative et au nom de la nécessité.

Le Doyen, C. AUBRY.

Vu par le Président soussigné
Ce 14 février 1859.
ESCHBACH.

Permis d'imprimer,
Strasbourg, le 19 février 1859.
Le Recteur, DELCASSO

www.ingramcontent.com/pod-product-compliance
Lightning Source LLC
Chambersburg PA
CBHW071442200326
41520CB00014B/3798